아카시아 암자

아카시아 암자

김민호 시집

詩와에세이
2013

차례__

제1부

제2부

제3부

제4부

제1부

단추

눈을 동그랗게 부릅뜨고
반짝이는 제 몸
들여놓을 틈을 쳐다본다
이미 자리가 정해져 있다는 듯
게슴츠레한 눈빛으로 바라보는
실눈만큼의 통로를 내놓은 구멍
차가운 시선을 뚫고
가는 빛이 새어나오는 곳으로
힘껏 머리를 밀어 넣는다
싱겁게 채워진 짧은 자리
언제 내칠지 모를 위태로운 저 문턱
어둠만을 잔뜩 묻히고
툭 벗겨지기 일쑤였다
올가미처럼 칭칭 조여드는 수많은 올들
여러 번의 채우기로 헐거워져
꺾인 목을 겨우 지탱해야 하는
자리를 찾아 헤매야 할 세상 속에서
오늘도 달랑거린다

아카시아 암자

벼랑 끝에 지은 집
바위를 움켜쥔 발가락마다
굵직하게 박힌 티눈들
한 발 공중을 딛고
헝클어진 머리카락으로
거센 바람을 받아들인다
둔각 이룬 비탈을 축대 삼아
반가부좌 튼 위태한 저 균형
호되게 내리치는 죽비
짧은 햇빛은 순간적으로 지나갔다
둥치 안으로 삭힌 언어에서
삐죽삐죽 가시가 돋아
옹이가 된 바람의 불립문자들
속 깊이 메아리치다
껍질을 뚫고 허공을 찌른다
인대가 늘어진 근육으로
암벽에 서서
이방인에게 시선을 날리는 초여름

향기 묻은 바람을 탄
박새 한 마리
아카시아꽃 속으로 날아들었다

경칩 무렵

겨울방학 끝나고 첫 수업시간
창 틈새로 파고든 햇살이 실하다
머리 부대끼며 살았던 겨울 산은
바람이 잦아들자
참빗으로 가지를 빗기며 참선(參禪)에 들었다
겨울잠에서 깨어나 등교한
아이들의 기지개에서 뒷다리가 돋는다
개골 개굴 개골 개굴
왁자한 수업시간
얼었던 교실 냉기가 옹벽을 타고 넘어
새싹 돋는 소리 간지럽다
선생님 봄은 어떻게 옵니까
폴짝 뛰어든 물음표를 따라온
개구리 알 같은 까만 눈동자들 올망하다
봄은 매화 꽃눈에서 오지
일주일 후에 활짝 필 테니
칠일 안에 봄이 온다고 호언장담했다
하루 또, 손가락 꼽으며

교문에 들어서던 아이들 발자국이
약속시각을 기다리듯 미소를 연신 찍어댔다
매화 아직 피지 않았습니다 선생님
와글 와글 와글 와글
달포 지나도 매화는 피지 않았다
손가락 꼽는 시간 사이로
봄은 더디게 걸어오고 있었다

군자역 죽순

지하철이 주황빛 온풍을 몰고 오는 군자역 2번 출구, 손차양하고 풍경화를 들여다보아요 기와집 건너편 텃밭에 허리 구부정한 해바라기가 낮잠에 빠졌고요 뻐꾹새 소리 가물거리는 하늘 아래 유독 누른빛 도는 대나무숲이 보이네요

대나무가 뿌리내리는 방법을 죽순에게 가르치고 있어요 몇 줄기 바람을 데려다 철썩 회초리를 치시는가 봐요 흔들리는 요령도 함께 알려주네요 흔들려야 속을 비워낼 수 있다고 지하철이 도착할 때마다 휘청거려요 새벽이슬 한 방울도 대나무는 먹지 않고요 뿌리에 달린 수억 개 목청으로 죽순을 키워요

출구를 나온 검버섯 핀 중년의 사내에게 물었네요
"유월인데 대나무 색이 왜 저리 누루죽죽한 겁니까?"
대나무도 자식 키우느라 낯빛 성할 리 없다는 말을 흘리고 사내는 풍경화 속으로 꼿꼿이 걸어가네요 뒷머리엔 허연 잎이 무성하고요 껍질을 벗기고 죽순 한 마디를

번쩍 들어 올리네요 띠링 띠링 지하철이 온풍을 몰고 달려오고 있어요

냉장고

단단한 손잡이에 매달렸던
지문이 미소로 배어
학교 마치고 돌아오면
가장 먼저 달려들던 품
두더지처럼 머리를 들여놓고
속 헤집는 날 많았다
열기가 높아 나른하게 늘어지던
여름날엔 온통 기대어 살기도 하였다
밥상 근처 늘 그 자리에서
가진 것 모두 꺼내주는 냉장고
체온을 바짝 낮춰
품 안의 모든 것 싱싱하게 지켜주던
한 아름 가득한 가슴
달려가 와락 문을 열면
지난 시간들과 포옹할 수 있을까
모든 잎 떠난 고목마냥
집안에 홀로 남겨진 냉장고
오늘도 묵묵부답 열리지 못한 채

벽에 꽂힌 가는 생명줄에
그렁그렁한 얕은 숨소리만 흘려보내는
사계절 만삭이던 어머니

빵조각

1교시가 2교시로 왁지지껄 뛰어갔다
틀에 박힌 시간을 좇아 몰려간 발자국
계단에 남겨진 곰보빵 위에 타닥타닥 쌓였다
층계 끝에 아슬아슬 매달려
아직 온기가 남아있는 빵
시곗바늘은 빵도 포기하게 만드는가
빵을 떨어뜨린 아이는 어느 계단에서
몇 번이나 뒤돌아보았을까
시간에 맞물려 오르내리는 단계에서는
꼼짝없이 낙하할 성적이 두려웠겠다
체온을 바닥에 부려놓은 채
묵언수행 중이던 빵이
아래층으로 툭 떨어진다
자유 낙하하는 시간이 바람에 휘감긴다
재계약 서류 한 장에 매달려
위태롭게 이어가는 수업도
언젠가는 빵조각처럼
계단 아래로 굴러떨어질 것만 같다

2교시를 알리는 바쁜 벨소리
다시 빵 굽는 시간이다

담금질

두릅나무 우듬지에 틔운 촉 하나
봄은 아직 익지도 않았다
제 몸에 대한 물음이 자라기도 전에
두릅 순 뭉텅 꺾여 나갔다
목 아래 촛농같이 엉킨 아우성
비와 바람, 햇살의 포옹
우듬지 아래 손을 내민 곁눈들
두벌 두릅으로 샛길마저 막혀갔다
산불대비용 임도가 몰고 온
인기척이 여미는 풀무질에
다시금 매끈해지던 몸통
늘어난 건 온통 가시뿐이었다
숲은 나뭇잎들을 키워
어둠의 여름 장막을 치고
인기척 잦아들고 뻐꾸기소리 날아오자
깜빡 졸던 몸은 달궈진
시우쇠처럼 기지개를 폈다
보란 듯이 싹들 곳곳에서 돋아나

뭉치꽃 하얗게 피웠다
제 몸에 벼려진 시간들
겨울 화덕 속을 걸을 두릅나무
오롯하게 틔워 올릴
푸릇푸릇한 꽃눈 하나

철새

겨울 한철 사용허가서 품고
금강하구로 날아든 가창오리떼
일몰 직후 군무를 펼친다
따뜻한 저녁을 찾아
썰물 때는 서천 갯벌 쪽
밀물 때는 금강호 쪽을 황급히 오간다
자리 잡지 못한 날갯짓 속
숭—숭 비어가는 뼈
하늘 우듬지까지 솟은 고공비행
날개 하나 거리로 스치며 날아도
생은 결코 부딪히지 않는다
호수에 얼어붙은 파문
춤사위만 좇은 환호성이 지나면
누군가 던져줄 벼 이삭 몇 알
밀물과 썰물 오가는 세상 속에서
한 뼘 땅과 하늘에 곡예가 한창이다
날개를 접고 발을 붙인
텃새의 꿈을 자주 꿔도

시간이 기울면 떠날 철새라고
무관심한 해가 시들어간다
깊은 밤의 고랑으로
북서 계절풍도 곤두박질친다

안경

양산시 상북면 머박골
자연농장에는 꿩들이 산다
부리에 플라스틱 안경을 걸치고
사육되는 꿩들
창공에 걸린 길을 볼 수 없어
푸득거리는 날갯짓은
그물에 걸리기 일쑤였다
꿩 꿩 꿩
아우성만 창공으로 날려 보냈다
허공을 헤매는 야성이
먹이통 근처 숱한 발자국으로 피었다
길이 사라진 공중에선
매 발톱도 두려워하지 않을 꿩들
파닥거리는 아우성이
뒤뚱거리며 몰려다녔다
그물망에 갇힌
본능이 푸드득거렸다

난 오늘도 안경을 쓰고 출근한다

종묘상

오늘은 뿌리내릴 수 있을까
첫새벽을 가르는 보도블록 위
갓 세상에 나온 배내 머리카락들
삼삼오오 바람에 부대낀다
어두운 새벽을 파고드는 한기에
비닐봉지 뒤집어썼다
값과 수가 매겨지는 홍정
호명을 기다리며 내민 목
한 치쯤은 길어졌을까
싹 틔워갈 씨앗들이
동—동거리는 발걸음으로 밝히는 아침
잘근잘근 깨문 종이컵 끝에서
무거운 해가 떠오른다
서둘러 떠난 봉고차에 실리지 못한
여린 고추, 오이, 호박, 가지들
두리번거리던 고개를 접고
인도 위 떡잎을 늘어트린다

부레옥잠

시작과 끝은 노래에서 비롯되었네
실뿌리가 설레는 입학식과
실한 둥치가 옮겨가는 졸업식에서
한울타리 소속감을 다지는 교가는 낯설어
입안에서만 맴돌았고
가슴은 장단을 맞추지 못했네
이제 막 돋아나려는
잘잘한 뿌리를 흔들기에 충분한
강당에 채워진 노랫소리
정착하지 못해 모판 사이를 떠다니는 부레처럼
잎사귀에 가득 찬 공기를 비우고
수면 아래로 자세를 바짝 낮췄지만
뿌리는 자라지 않았네
몇 년간 들어 자연스레 익힌 교가
오늘처럼 봄볕이 들 다음 해 교정에서
콧노래라도 흥얼거려 보는 것이 소원이라던
새파란 기간제교사는
종업식 끝나고 또 떠나갔네

불안의 뿌리는 입술이다

오후 2시 1127번 버스가 울산에서 부산으로 내달린다 바람의 입을 헤집고 종착지를 부른다 따스한 햇볕이 환하게 비친다 파마머리 아주머니, 가방을 껴안은 중년의 사내, 볼 주름 깊은 할머니께서 고소한 졸음을 청한다 앞 좌석에 앉은 여학생이 부신 눈을 비비며 통화 중이다 치아가 모두 드러났다 보철이 햇빛을 튕겨냈다 계약직 채용 공고문 위에 눈알이 굴러간다 입술이 중얼거렸다 면접 불안이 뿌리를 뻗어 끝없이 나를 옭아맸다

모를 심기 전 아버지는 골다공증 앓은 논두렁에 맨들맨들 새 옷을 입혔다 논두렁 잃으면 한 해 농사가 시름에 잠긴다고 구멍이 숭숭 뚫린 등판에 모를 심었다 차가운 기억이 일순간 스쳤다 정류장에서 문이 열리자 배고픈 바람이 공고문 위로 지나갔다 학생이 내리고 버스는 일상으로 속력을 낸다 창문 틈으로 바람이 더 세차게 비집고 들어왔다 사람들은 깊은 한기 속에서도 꿈을 꾸는지 몸을 더욱 움츠렸다 뿌리 없는 바퀴가 불안한 생각을 끝없이 오물거렸다

보경사 느티나무

내연산 상생폭포에
긴 뿌리 정갈히 틀고
수백 년 아침법회에서
어둠을 깨쳤으리라
대웅전 마당을 쓰는 목탁소리 따라
허공에 또 한 겹 새긴 나이테
자신을 보시하다
가슴이 온통 비어버린 느티나무
속을 모두 버리고도
묵묵히 등 뒤를 채운
부모님들의 합장도 저러했을까
끊임없이 수피에 문양을 가하는
헐떡거리는 바람에게도 손을 뻗어
안식처를 한껏 열어주는
보경사 해우소 앞에 계신 수목여래불님

제2부

양파, 자화상

모서리 없이 살고 싶다
세상과 층층이 겹쳐 둥글게 살다가
낮빛 막질을 걷어내면
어느새 고향집 마당 위에 뜬
흰 보름달 같은 마음
벗겨도 벗겨도 내어주고 싶은
그러다 코끝이 알싸해지는 시간들 걸어
찔끔거리는 눈을 비비다 보면
거기, 새파란 싹 하나와 만날 수 있는
그런 사람이고 싶다

하고초

가을 색은 전혀 알 수 없어
유월이 펼쳐놓은 들판에
비쩍 말라가는 하고초들
속 빈 꽃잎 나발머리에
보라색 물감 흥건히 풀어놓았다네
햇살에 걸려 운신을 못하던 바람
온 들판을 헤집으며
꽃잎을 세우려 돌아다닌다네

꿀벌은 안다네
시한부 삶도 달콤한 맛이 있다는 걸
한 계절이 전 생애임을

여름은 온전한 단맛이므로
말라가는 육신을 후벼 파
생채기에서 꿀을 모은다네
삶의 향기를 잃은 구월
일주문을 걸어

문고리 당겨 불이문에 든다면
여름을 뛰어넘는 하고초가 되어
여기 환하게 피어나고 싶다네

가마우지 낚시

계림 어디쯤 먼 곳
뱃머리에 앞세운 가마우지 몇 마리
연신 물속을 자맥질한다
어부는 천천히 강물을 저어가다
목이 불룩해진 가마우지를 끌어당겨
능숙한 손놀림으로 목을 훑어
물고기를 끄집어낸다

아내는 세찬 물살 헤치는 고깃배였다
갓 태어난 첫아이 앞세우고
여기저기 인사하러 다니다 보면
그놈 실하고 좋다며
아이 향해 찔러주던 분윳값
무서리 맞으며 집으로 돌아와
두부, 순대도 사고 보험금도 냈다

계약만료가 되어 떠나온 교단
겨우 숨 쉴 만큼의 목줄을 푼

가마우지 꿈을 자주 꾸었다
자맥질하는 어린 가마우지
날개를 닦아주는 어부가 되곤 했다
알량한 심중에 비수를 감추고
백 일된 아이를 자주 앞세웠다

성장통

개학한 며칠 후
퇴학생에 대한 담임 소견서를 쓰던 날
미세하게 방향을 찾아가는 나침반의 자침처럼
손가락은 가늘게 떨렸습니다

봄바람에 설레는 삼월 교정엔
꽃봉오리를 소담스럽게 틔운 목련
계절을 잊고 내린 진눈깨비에
시커멓게 질린 얼굴을 유리창에 비벼댑니다
잿빛 겨울을 열어젖히고
희디흰 봄날을 이야기하려던
환한 얼굴은 오간데 없이
삭아버린 흔적만 주렁주렁 달아놓았습니다
막 피우기 시작한 아이들
꽃샘추위에 성장통이 전지(剪枝)되어
검은 그림자를 드리우지 않길 바랍니다

추위를 견뎌낸 목련은

가로등보다 키가 훌쩍 자라
학교 울타리 밖으로 가지를 쭉쭉 뻗어갔습니다
진달래꽃 향기가 창문을 두드리던 날
제비 날개를 타고 온 전화 한 통
'선생님……'
귀에 익은 목소리
어느새 연초록 목련 잎사귀는
수없이 돋아나 있었습니다

목단꽃이 피었습니다

목단이 가득 핀 채전밭
꽃 한창일 때
가족사진 꼭 한번 찍자시던 아버지
나와 같이 뿌리를 내려
삼십 년 마당을 지킨 목단이
활짝 문을 연
마지막 오월의 푸른 첫날
아버지, 어머니, 아내, 아들이
렌즈 안에서 반짝반짝 피어났다

셔터 너머로 인화되던 자줏빛 향기들
핏빛 가슴을 적시고 있건만
소원을 풀었다는 듯
무심한 연록의 바람을 따라
꽃송이 하나 붉게 지상을 떠나고서야
사진 속으로 들어갈 수 있었다
사라진 풍경 안으로
지워지지 않을 문양이 새겨져 있었고

무서리 내리는 머릿속
옹이 튼 말을 봄날마다 되뇌었다

‘목단꽃이 피었습니다 아버지’

미루나무 아래에서

며칠째 조울증 앓던 하늘이
국지성 호우를 뿌린 오후
배꼽까지 드러났던 바위들이
불어난 여울에 자맥질을 즐긴다
아이들의 여름을 위해 만든
태다풀장이라 이름 붙인 얕은 소(沼)에도
물이 가득 담겼다
세찬 물줄기에 몸 가누기 힘들다며
여러 번 물놀이를 말렸다
걸음마를 배울 때처럼
호기로 내 손을 뿌리친 뒤
웅덩이 안 물살에 몸을 맡겨보는
아홉 살 태현이와 일곱 살 다해
담긴 작은 몸 주변으로
하얗게 포말들이 피어났다
사라지는 물거품을 만지작거리며
한참 그 자리에 서서 균형을 잡더니
파르르 떨리던 다리가

조금씩 더디게 앞으로 나아간다
시냇물처럼 흘러가는 시간들 속에서
아이들은 저렇게 자기를 걸어가겠지
비바람 견디며 아름드리로 자란
미루나무에 등을 댄 채 가만히 들여다보면
하늘 아래 자라나는 모든 것들은
제각각 반짝인다

장마

옛날에 말이야 오늘처럼
주렁비가 주룩주룩 내리는 날
우리집 기와 아래 마루 끝 축담에 서서
주렁비 손등으로 받으며
누나 얼굴 내 손등 바라보면서
물사마귀 생긴다고 갈갈거렸지
웃는 모습을 저녁 굴뚝은 아는지
뽀얀 연기를 가지런히 피우곤 했었어
기와 작은방 그리운
비가 내리고 있어

오이소박이

수시로 가시를 세웠죠
소원은
빌 때가 행복하다는 걸 알 리 없어
몸속으로 시퍼런 칼날이 비집고 들어와도
목소리 한번 뾰족거리지 못했죠
씨눈망울까지 반 토막 난 채
몸통 깊이 난 고운 칼집 속
이제는 기도를 꼭꼭 채워넣었습니다
머리채 뭉텅 잘린 부추
채칼에 뿌리가 뭉개진 홍당무
바다를 갓 빠져나온 새우도
소금에 절였습니다
풀 죽은 알량한 가시 주무르며
단지 속으로 예배당 풍금소리가 들려왔지요
옹기에 갇힌 울음소리
진물까지도 삭힌 시간이 알싸하게 익어갑니다
싱싱한 일생을 품은 십자가
오! 이! 소박한 기도를 아삭아삭 씹습니다

다육식물

—아내에게

키가 크면 안돼
다육이를 보듬으며 조물거리는 아내
몸집만 불려 웃자란 것은
볼품이 없다며 큰 놈만 바라보는
나에게 핀잔을 던진다
실하고 키 큰 것이 푸대접인
모양새가 낯설다
푸석한 날들 견뎌내기 위해
낮게 엎드린 잎과 줄기
잔뜩 수분을 머금고
흐린 먼지 날리는 땅 위에서도
소란스럽지 않게 뿌리를 내려갔을 터
조막접시 사막 안에서
오늘도 바닥을 기어간다
갈증과 바람을 견디며 살아온
만손초, 금접, 용월, 홍옥, 십자성
사랑한다는 아내의 토막말이
집안 곳곳에 세간처럼 놓여있다

키 작은 아내는
아침마다 창가에서
옹골진 바람을 견디라며
다육이에게 주문을 건다
오리나무 뿌리와 시선이 맞닿은 곳에
놓인 화분들
창으로 든 바람을 등지고
다육이들은 아내의 손에서 소묘된다

따뜻한 묵언

시커먼 무쇠솥
밥물 끓어 넘치는 소리 매섭다
아궁이 앞에 쪼그려
불길을 어루만지는 어머니
솔가리에 잔가지와 장작 지펴
아침 등굣길에
밑불 넣고 훔치는 저 눈

밥물 끓는 소리 잦아들면
사람도 고물이 차야 한다며
뜸들이는 시간이
머릿수건 위로 새록새록 내려앉아
금세 끈기 넘치는 아침
뭉실뭉실 일어나는 밥 기운

햇살이 실하지 못하다며
부뚜막가의 반질반질한 청돌을
속 불에 묻어두신 어머니

허기를 온기로 채운 십 리 등굣길
주머니 속에서 만지작거렸던
청돌 그 든든한

거머리

금정경찰서 옆 마이크로 정형외과
헐레벌떡 뛰어간
응급차량의 간이침대 바퀴 뒤로
위안 삼을 말을 찾는 눈동자들이
타일의 골을 따라 기어 다닌다

열 손가락만큼 자식이 많은 어머니는
손바닥이 곰솔껍질 같아지도록
손을 내려놓지 않았다
새겨지지도 않은 손금을 따라
쇠롤러가 굴러간 맑은 오후
약했던 손가락 두 개가 작별을 고했다
끊어진 지문은 말이 없었다
부스러진 뼛조각들이
뒷머리를 쓰다듬었다

짓이겨져 크기가 맞지 않은 채
봉합을 마친 검은 손가락 사이로

아물지 못한 상처들이 켜켜이 자라났다
피가 나야 살릴 수 있다고
심장보다 깊은 속살을 헤집는
가위 끝에 맺힌 이슬이 파르르 떨린다
피 나도록 살아온 손
또 혈액을 뽑아 순환시키기 위해
손가락 끝에 붙인 거머리 한 마리
어머니가 내어준 따뜻한 몸에
빨판을 대고 제 살을 불리고 있다

등불

노래를 불렀다
짧은 월급이 준 여운이
회색 건물 사이에서 울려 퍼졌다
저기 아주 멀리서
주마등처럼 속도를 내며
지나가는 긴 시간들
멈춰선 등을 밝힌 우리집
아내는 오늘도 날 기다리며
바느질을 했으리라
불 켜진 먼 창을 응시하며
오르는 언덕 경사만큼
세월은 가파르게 흘러간다
아이들을 재우다 잠이 든 아내
환한 방이 되고자 했던 나는
또 새벽이슬을 맞고 말았다
과연 등불이 될 수 있을까
어둠보다 깊은 꿈을 꾸는 소녀
두리뭉실한 광대뼈에 대고
하루를 보듬어보는 밤

자기 자리에서 빛을 발하는 세간들처럼
가지런한 꽃으로 피어나리

내 고향 내석

백두대간 낙동정맥 영축산이
긴 치맛자락으로 품은 고향
돌다섯나, 아래각단, 참새미, 땅꼬같이
둘래, 선로, 서이, 삼돌, 연옥
아름다운 이름들 태어나
아버지 말씀 새긴 엄한 능선과
어머니 가슴 같은 봉긋한 들판을
대대로 경전(經典)으로 삼고
젖줄처럼 골짝 골짝을 축이며
중심을 잡고 흐르는
척추 같은 내석 거랑에 뿌리를 대고
모두 제 싹을 곱게 틔우는 마을
항상 서로를 품으며
믿고 사는 맑은 이웃들
동구 숲에 계신 당산나무께
큰절 올리고 나아가는 길
바다보다 큰 꿈 키워가는
내석마을 내석사람들

제3부

부표

팽개쳐도 돌아야 한다
쓰러지지 말자
가라앉지 말자 꼭
앙버텨야 하는 날이 있다
밀물에 밀려나지 않고
썰물에도 쓸려가지 않고 도는
작은 몸짓이 참 오롯하다
아무리 큰 파도가 짓밟아도
지켜야 할 약속을
머릿속에 담고 있는 한
몸은 중심 잃지 않을 것이다
기다린다는 것은 어리석은 것이 아니라는 듯
고개 한번 자맥질치지 않는다
둥근 자존심 꼿꼿이 세우고 오히려
망망대해에서 밀려오는 파도를
달래주는 굳은 심지
뜨르륵 다시 시간을 일으켜 세운다

마늘꽃

바람이 옷깃을 파는 11월
마늘을 심는다
차가워지는 지하로 박혀간 낱알들
계절이 얼었다 녹는 여정에서
속을 시커멓게 버린 흙과
품을 좁힌 땅에 둥지 틀었다
속절없이 내리는 싸락눈
서릿발로 다져진 냉기를 뚫고
지표 위 움튼 촉 하나
좌표처럼 새파란 길 만들었다

혹한은 알싸하게 쌓여갔다
겨울 철새들 날아간 하늘 아래
네가 떠나고 나도 그랬다
오월의 푸른 날 기다리며
몸속 한기(寒氣)를 모아
꽃대 하나 키우고 싶었다
마늘의 꽃대 마늘종

차가운 말들이 바람을 일으킨다

마늘종 함부로 뽑지 마라
언 가슴이 한시절을 품어낸 심지를
바늘 찔러가며 뽑을 그 무엇도 없다
뽑힌 자리 퀭한 가슴속으로
해가 뜨고 구름이 지나간다
뽑혀보면 안다
피우지 못한 응어리로 남는다는 것을
탁 틔우지 못한 낱말들 품고
처박힌 복심으로 육 쪽 머리를
키우는 마늘 곁에서
문득 문득, 나는 남는다

임종 앞에서

축구 좋아하는 다리 하나를 잘라
아버지를 살릴 수만 있다면
양다리 모두 없이 앉은 채로
평생 봉양해도 감사할 텐데
우리 인연이 여기까지입니까

가만히 누운 가슴에
젖은 얼굴을 대니
민호야! 앞거랑 보살에 큰물 지는 갑다
돌 구르는 소리가 쿵쿵거리는구나
나지막하게 들리는 묵언 속에서
쿵쾅쿵쾅 달려오시는 아버지
모진 세월 고생 많았습니다
도와달라는 부탁드리지 않겠습니다
다 내려놓으시고 편히 쉬시며
부지런히 살아가는 모습 지켜봐 주십시요

뜯지 못하실 것 같아

편지봉투 겉면에
축축하게 써내려간 글들
먼 길 가시는 아버지 품으로 붙인 편지
마지막 얼굴
지그시 감은 눈으로 읽으시고
훌훌 털고 일어나셔서
떨리는 온몸을 품어주실 것 같은
아버지 사랑합니다 내 아버지 김영수
당신의 자식이어서 늘 행복합니다

기둥으로 남았다

솔발산 공원묘지에서 보았네
산과 하늘의 경계는 안개가 지우고
죽음도 삶과 뒤섞여있다는 것을
산에 오르는 방법이 다양하듯
죽음에 이르는 길도 여럿인 것을
시간이 차오른 죽음
시간이 남아있는 죽음
스스로 운명을 결정해간 죽음
운명에 끌려간 죽음
말없이 조용히 누운 죽음과
울림의 죽음이 있다는 것을
회사일이 끝나면
바퀴 달린 운동화를 사주겠다던 약속은 어디로 갔나
한진중공업 85호 크레인에 올라 무엇을 보았는가
혼미하지 않은 세상을 보았는가
안개 걷히면 산은 하늘에 닿아있었던 것을
신성한 노동의 가치가
우리 세상을 떠받치고 있다는 것을

고귀한 희생 위에 봄은 자라
파릇파릇한 메아리는
저 산맥을 타고 넘실거려
하늘과 바다에 다다르고 있다는 것을
김주익이여!

어리석다

바람결이 고운 처서 무렵
저쪽 무덤가 곁 묵정밭
잡초만 무성하던 땅 위로
감탄사가 톡톡 튀어 오른다
성묘온 가족들이
자주색 덩굴을 걷어 올리면
고구마를 들춰내는 아이들 환호성이
가을 하늘에 총총 박혀 들었다
땅은 보조개를 연신 빵끗댔고
세상에 나온 고구마는 선홍빛 얼굴을 붉혔다

지난봄 한식 때
오랜만에 산소를 찾은 가족들이
장난삼아 꽂아둔 줄기를
땅이 품어 고구마를 키워낸 것이다
땅강아지처럼 흙만 일군 어머니
땅이 어리석다고 한마디 내뱉으셨다
그때,

어머니 몸에 뿌리를 내리고
개비름처럼 웃자란 나도
가을 하늘 아래 물끄러미 서 있었다

감꽃이 피면

마당을 머금고 자란 감나무
긴 가지 하늘까지 들려준 이야기를
한 움큼씩 땅 위에 흩뿌리면
이슬 촉촉한 새벽이 내려왔었다
하얀 별 받이 된 담쟁이 넝쿨 아래
살갗에 묻은 흙을 호호 불며
실을 꿰어 만든 감꽃 목걸이
간장독에 걸어두고 학교를 가곤 하였다
수업시간 내내
칠판을 바라보던 눈동자는 열었고
창 밖을 빠져나간 시선은
측백나무 울타리 넘어 집을 향하였다

바람을 살포시 잠재운 장독대
온 세상을 비추던
하루치 햇볕이 모여든 마른 감꽃을
하나 둘 떼어먹으며
엮인 인연처럼 목걸이 걸어주고 싶은

누군가를 그리다 보면
발그스레한 노을이 뺨을 물들였다
솟—소쩍 솟—소쩍 소쩍새소리에
놀란 산들이 일렁이면서
봄은 샛노란 감잎 사이로 깊어져 갔다

모내기

앵두가 익을 때쯤 모내기를 한다
땀 가득한 논 가는 길
자식 인간 만들려고
도회사람에게 판 땅으로
삼층집 그늘도 짙다

저 논에서 모내기하며
마음 그리던 소녀가
새참을 가져오는 상상
옆눈질로 흘깃흘깃
보이곤 하던 아버지의 땅
용기 낸 옆눈질에도
인제 아지랑이 하나 보이지 않는다

노래를 불렀던가
주머니 가득 앵두를 넣고
전사들의 기관총 흉내
우두두—둑 땅을 향해 씨 내뱉던

나의 꿈은 싹을 틔웠는가
밀려 오르듯 선명한 산 안개도 사라지고
푸르디푸른 산은 메아리 가득

아버지는
사람을 인간으로 만드는 농민이시다

밤낚시

아버지 밤낚시 가는 길
먼 영축산으로 이어진 깊은 계곡은
코피처럼 어둠을 토해내었다
밤 계곡이 궁금하던 나는
대문 밖으로 늘 먼저 나가 있었다
저녁 이슬 머금고 똬리 튼 까치살모사가
목울대를 쭈—욱 내밀고 있다는 말에
집안으로 슬금슬금 밀려들어오기 일쑤였다

목 긴 검은 장화 빳빳하게 신으시고
담뱃불 붙여 어두운 밤길 혼자 가신다
헤어져 녹꽃이 핀
대문 구멍으로 보던 세상은
몸 긴 먹구렁이처럼 일렁거리며
아버지를 옥죄여 삼키곤 하였다
밤하늘 은하수 별들이 흘러내려
눈빛을 더욱 초롱이게 하였다
미유기를 낚으셨나

거친 입질이 집 앞 여울을 흔들며
모스부호처럼 안부를 전해왔었다

풀벌레소리 몇에
스르르ㅡ 밤이 낚여갔다
낯빛에 해가 활짝 든 우리 남매들은
뜨끈한 어탕을 연거푸 비워댔다
조용히 아침을 드신 아버지
마당가 쟁기와 멍에 지시고
산허리 깊이 패인 천수답으로
경전(經典) 새기러 걸어가신다

밸리 춤추다

삼 년 가뭄에도
반 박자 느리게
굴곡진 허리 사뿐 사뿐히 흔들며
온 들판을 적시던 시내
상한 물비린내 날리며 퍼석퍼석 운다

곡선을 지우고 직선만 그어 간
무한궤도 발바닥이
요철진 소리 위를 구석구석 오르내렸다
갈라터진 골 깊이 생채기 앓는 몸
시멘트 제방에 에워싸였고
물이끼 벗겨진 바위들
인고의 시간 부서져 철망에 갇혔다
피부염 모르던 파란 얼굴
수중보에 눌려 질식한 뒤
물풀들 서둘러 제 뿌리를 버렸고
피라미, 미꾸라지, 물방개 행방이 묘연하다

치자꽃 하얗게 서리는 칠월
장마전선을 몰고 온 여름 철새 한 마리
잊었던 고천문을 읊조린다
쏟아지는 빗줄기 속에서
잠시 뒤척이다 함성을 지르는 강물
온몸 뒤틀며 발버둥친다

직구를 던지다

첫발을 들여놓은 마운드는
커다란 다이아몬드였다
꼭 완투를 하리라
부푼 열정은 환하게 구위(球威)를 끌어올렸다
날이 갈수록 난무하는 싸인들
구단주 찾아뵙고
인사 한번 드리는 게 좋지 않겠냐는 감독의 말에
오랫동안 통용되어왔던 수화들이
허공을 가득 메웠고
블랙홀로 빠져드는 세상이 일렁이며 다가왔다
존폐가 정해져 있는 리그 속
아가리를 쩍 벌린 미트는
연신 입맛에 맞는 변화구를 요구했지만
관중들 요구보다
컨트롤 능력이 부족했던 가슴은
좁아진 스트라이크존에 직구만 던질 뿐이었다
홀로선 마운드에 싸인은 끊어졌고
홈플레이트와 거리는 더욱 멀어져갔다

잦은 교체설의 풍문과
곁눈질 빠른 주자의 감당하기 어려운 도루
심판의 애매한 판정으로
남은 이닝을 견디지 못한 채
마운드를 내려오고 말았다

적단풍

밤새워 채용원서를 고치고
말 없는 벽을 향해 중얼거려보는
예상 면접의 대답들
젊음들이 함께 108배를 이어가는
뜨거운 땅 위
새파랗게 청춘이 또 달궈질 때
비바람 닿지 않는
양지바른 온실에서
해바라기를 즐겼겠지

시간이 만든 굴레
계절로 이어지는 생의 환절기를 지나
밥그릇을 위해
늑골에서 떨리는 목소리를
발끝으로 꾹꾹 눌러보거나
아스라한 허공을 향해
거듭 기원문을 읊조려본 적 없는
태어나면서부터 자리가 마련된

너에게 가을은 없다

탁란

해가 졌다 누군가 큰 알 하나 낳고 싶어 좋은 둥지를 찾는다는 소문이 인터넷 속 신작로를 굴러다녔다

어두워진 저녁 익명성에 날개를 달고 날아오르려는 난생설화였다

커서에서 깜빡거리던 이야기는 야금야금 사람들 사이를 헤집고 다녔다

"출산휴가로 인해 대체 기간제교사를 구합니다.
근무기간은 2009년 1학기 6/15—7/18일까지,
2학기 8/24—9/30일까지입니다.
연락처 XXX—XXXX—XXXX, 여름방학 기간 제외(7/19—8/23)
유능하고 성실한 선생님의 지원 부탁드립니다."

내 몸을 담보로 잡은 현기증 세상은 조금씩 흔들리고 있었다

어느 둥지에 큰 알을 낳을까

사람들 머리에는 알이 나뒹굴고 세상은 얼기설기 헝클어진 둥지였다

제4부

등단 3년째 나의 시

간밤을 채운 비
촉촉하게 머리를 맞댄 아침 밥상에서
아버지! 이제 해갈이 다 되었겠네요
"아니, 아직 많이 모자라단다."
에이 저렇게 비가 많이 왔는돼도요
"흠, 저 밭고랑 한번 긁어볼래."
가까이 다가가 땅을 조금만 들춰보니
마른 흙이 퍼석한 미소를 날린다
어리둥절한 눈
머쓱한 뒷머리만 만졌다
"눈으로 보이는 게 전부가 아니란다."
"그 속을 볼 줄 알아야 한단다. 민호야!"

김밥

두렁이 뱀허물처럼 널브러진
참새미 근처 비탈밭
흙으로 고봉밥을 지으신 어머니
돌, 삽, 검은 비닐로 김밥을 마셨다
비닐을 씌울 때면
잊지도 않고 찾아온다며
푸념을 쏟는 바람에게 들켜버린
아버지의 빈자리
사방을 나부꼈을 종종걸음이
움푹 움푹 지문으로 박혔다
몸을 낮추고 내딛은 발자국 따라
점점 땅과 수평을 그어가는 허리에도
하늘과 햇살, 조수도 함께 나눌만큼
시내 건너편 어깨를 잇댄 산들도 볼만큼
실하고도 촘촘히 길게 마셨다
이랑을 빗는 동안
차츰 당신의 시간은 덮으셨고
기름기만 머금은 채 내어놓은 속

심어진 씨앗과 뿌리들이
소풍을 즐기며 새파란 촉을 틔운다

점집에서

경주 황남동 누런 대나무가
어수룩한 그늘 드리운 지리산보살집
점집은 무섭다는 속내
문 밖에 걸어두고
익숙한 듯 미닫이를 열었네
재촉하며 들여놓은 발걸음
어두운 방안을 채운 향내만큼 낯설었네
점보는 여보살은 시장을 가시고
보살님도 밥을 드신다는 친근함이
빛바랜 백열등과 닮아있었네

긴 시곗바늘이 여러 번
제자리를 찾는 동안 돌아오지 않았네
기다려도 보이지 않는 앞날처럼
돌아서는 문틈 사이
거미줄에 보일 듯 말 듯한
침묵만이 얽혀있었네
그래서였던가 오랜 시간을 끌며

점보기를 미다한 여보살이
지금 우리 운명을 점치고 있었던 것을
나만이 몰랐었네

우각호

흐르는 시간 속에서
변화는 물길과 교류하지 않았다
찾아들던 물줄기 고개를 돌렸고
물새 그림자마저 지워진지 오래다
모래톱과 풀숲에 갇혀
뿔처럼 뾰족한 독백으로 고였다

한때는 중심이었으리라
주변과 소통을 거부하다 막혀간
고립된 테두리 안에서
넘치던 지난 시절에 잠시 젖어보겠지만
홀로 남은 자리에서 퇴적되어
곧 사라지고 말
수세가 뒤바뀌는 현실
양지와 음지가 오간다는 말이 남았다
저, 화무십일홍(花無十日紅)

청령포

육육봉이 겹겹으로 가두었다
삼면 물 안에 담긴
육지 속의 섬 청령포 서강가
청회색 왜가리들
어린 물고기를 집어삼킨다
무심하게 널브러진 모래 뜰은
오랜 침묵같이 평평하고
세월을 깎인 돌멩이만 짜그락거릴 뿐

나룻배에 묶인 채
강을 따라 흘러가지 못한 슬픔
휘몰이 장단으로 몰아치는
감입곡류 속에서 다시 피어났다
빽빽한 송림을 헤집는 발걸음 따라
바람결에 살아나 울려 번지는
관음송에 서린
노산군의 붉은 절규가 가득하다

종이비행기

이른 새벽
회색빛 바람이 어슬렁거리는 교문 앞
끝장 공부라 찍힌 붉은 전단지가
빗금 쳐진 어깨 위로
진눈깨비처럼 흩뿌려진다

누군가 기다린 모양이다
교실 문틈 사이 머리를 내밀고
가는 호흡에 실려 불시착 중인 종이비행기
떨어진 몸통 속
끝장이란 글씨가 꾹꾹 접혔다

비상을 짓누르던 무게
멀리 날려보내고 싶었을까
이륙을 준비 중인 둥지에서
날아오르지 못한 성적은
일그러진 흉터이던가
어두운 칠판을 잠시 등진 채

배민져보는 날개에서
들려오는 아우성이 차갑다

지상을 박차지 않는 이륙은 없듯
단단히 디디는 하루, 또 하루
차곡차곡 접은 날개를 펴고
하늘 높이 날아가는 종이비행기들

새 길

'사유지, 길 없음'
굵은 쇠사슬이 노란 선을 그은 채
누군가 또 다른 통로를 냈다
울처럼 경계를 정한 고리 속으로
실바람만 출입을 허락한 길

예전 마을 사람들 다같이
언덕을 깎고 제방을 쌓아냈던
번지와 용도가 공동이어서
꽃향기 마음대로 오가고
기쁨과 슬픔이 공유되던 길

인기척마저 넘나들지 못하는
지번만큼 재단된 틈새
하나, 둘 생겨나면서
마을 여기저기 높이 자라난 담장
벽으로 둘러쳐진 곳곳에 피어나는
게슴츠레한 검은 그림자들 뒤

닫혀간 사람과 사람 사이의 길

해바라기

정해진 시간이 차오르면
어둠이 에워싸는 주변
형은 가로등 불빛처럼 스며들어
함께 하루를 밝히자고 했다
문수산 기슭으로 해가 숨어들고
그늘진 다리를 건너
먹장구름만 띄운 태화강 둔치를
몰려다니는 날이 많았다
무거운 일상이 내려앉은 술잔
태풍은 다음날이면 지나간다는
일기예보를 목젖으로 삼키다 보면
먹먹한 저 깊은 속
갈피없이 나를 마구 흔들어댔다
말 없는 중심을 찬찬히 읽어가다
한 움큼 해바라기 씨를 넣어주던 형
내일은 해가 뜬다고
어깨동무에 까끌한 얼굴을 비벼대며
꼿꼿하게 나를 감싸주는

울산 성안동 언덕에 핀
문식 형의 환한 얼굴

나무와 시인

천태산 암벽을 굴러온 이슬
산죽 위에서 주억거린다
산 기운이 동그랗게 뭉치는 이른 아침
카메라 셔터를 벗어난 섬광이
나무둥치에 부딪혀 터지는 찰나
영국사 주변을 서성거리던 햇살들
천년 은행나무로 몰려들었다
수만 가지로 뻗어가는 푸른빛
길을 내는 사이
은행나무에서 빠져나오는 양문규 시인
누가 나무인지 누가 사람인지
땅을 딛고 하늘을 떠받친
두 분의 오랜 대화가
온 사방으로 퍼져
또 자라나는 하루를 밝힌다

겨울나무

숲을 흔들어내던 추위가
뿌리 가까이 차갑게 손을 뻗어올 즈음
몸속 수분을 내뱉어
모든 이파리를 놓아버리고 말았다
냉기가 몸을 비틀어대는 겨울
자리를 지키기 위해
마지막 온기 가지 끝에 붙여두고
푸른 외침마저 창공에 걸어두었다

언 땅,
견뎌야 하는 매서운 한기 앞에서
얼지 않기 위해 천천히 속을 지워나갔다
무시로 비워야 했던 지난 시간들
혹독한 바람의 나이테로 거듭 새겼다
좌표 같은 연륜(年輪)에 남은
따뜻한 봄의 문양을 기억하기에
지상 위 짙은 그림자로 선명한 길을 내며
오늘도 찬바람에 어깨를 걸쳐본다

단비

백 일 넘긴 질긴 생명선을
논바닥에 쩍쩍 그으며
기약 없이 애 끓이는 가뭄
갈라진 땅
타는 속 달래는 비를 어머니는
하늘에서 쌀밥 떨어진다고
문안 여쭈는 아침을
환하게 적셔놓으신다

가뭄보다 더 매섭던
할머니의 묵은 핀잔을 삭힌
언 십 년 세월 지나
백 일보다 긴 열 달
보름달처럼 고이 품어
대지 위에 나를 내려주신
아들도 저 비같다며
식전 공복을 한껏 채워주시는 어머니

쇼크업소버

부산 사상역 동양쇼바 집
요철 일삼는 거친 노면을
쉴 새 없이 달리는 일상을 지탱하다
폐기처분된 채 나뒹구는
한때 어딘가에서
충격을 몸소 껴안았을
터지고 닳아버린
덜커덩거리는 길 위의 사람들

해설

생의 중심을 응시하려는 존재의 꿈

정훈(문학평론가)

시는 생활에서 돋아나고 피어난다. 하지만 시는 생활의 영역을 벗어나고픈, 또한 원초적인 곳으로 달아나려 하는 잠재적인 욕망의 표현이다. 따라서 시인은 분명 우리 이웃처럼 일상인으로 존재하는 개체이되 늘 존재계를 초월하려는 시적 의식으로 뭉쳐있는 사람이다. 이런 이중적이고 역설적인 모습이 시인의 내면에 가득 차 있다. 이는 생활의 잡다한 소재를 끌어와서 시를 창작하지만, 이렇게 창작된 시는 오히려 자율적이고 독특한 방식으로 시인이 발 딛고 있는 현실 세계 저편으로 힘껏 비상하려는 요소를 내포하기 마련인 것이다. 시인은 세상 속에서 세상을 노래하지만, 세상 너머의 세상을 그리워하고 꿈꾸는 존재다. 김민호의 시는 일상생활의 중력에 이끌리는 소시민의 생활의식을 형상화하면서도 결국은 이 세상의 경계를 넘어서 존재의 본질에 가닿으려는 빛깔로 채색되어 있다. 그의 시가 형이하학의 물질적 공간에서 형이상학의 정신적 공간으로 탈바꿈하려는 내면의 풍경을 그려내 보이는 까닭은 생활과 의식의 괴리와 틈이 시인으로 하여금 더욱 높은 시적 고양으로 발돋움하려는 욕망이 작용했기 때문으로 보인다. 그에게 일상이 현대인으로서 숨 쉬는 호흡의 자연스러운 영역이듯, 비상과 초월로 향하는 듯한 그의 시적 풍경은 시인 김민호의, 시인으로서의 특권이자 세계관인 것이다. 생활에 너무 밀착해있다면 그 존재의 정신은 움츠러들기 마련이다. 정신의 상승을 위해 시인들은 흔히 자기를 둘러싼 생활환경을 제3자의 시각으로 '객관화' 하여 바라보는 습관이 예전부터 있어 왔다. 시인의 시적 거리 두기와 시적 객관화는 현실적 고통과 상처에 함몰되지 않고 이를 극복해서 시적 비전으로 승화하는 방식과 밀접한 관련이 있다. 진정한 시적 서정은 세계와 자아 사이의 간극을 해소하려는 이러한 자기 극복과 자기 승화를 발판으로 해서 이루어진다. 그렇다면 김민호의 경우는 어떠할까.

모서리 없이 살고 싶다
세상과 층층이 겹쳐 둥글게 살다가
낮빛 막질을 걷어내면
어느새 고향집 마당 위에 뜬

흰 보름달 같은 마음
벗겨도 벗겨도 내어주고 싶은
그러다 코끝이 알싸해지는 시간들 걸어
찔끔거리는 눈을 비비다 보면
서기, 새파란 싹 하나와 만날 수 있는
그런 사람이고 싶다

—「양파, 자화상」 전문

양파와 같은 존재가 되고 싶어하는 바람을 시로 형상화했다. '자화상' 이라는 시제어가 말하듯, 정확하게는 시인 자신의 현실 속 자아의 모습을 양파에 빗대었다고 보는 것이 올바를 것이다. 그 내용인즉 "모서리 없이 살고 싶다"는 것이고, "새파란 싹 하나와 만날 수 있는/그런 사람이고 싶다"는 것으로 정리된다. 사람이 사람으로서 희구하는 삶의 속성은, 그것이 불가능해 보이는 꿈일지라도 지금 언제나 맹아를 품고 있다고 볼 수 있다. "코끝이 알싸해지는 시간"을 겪은, 다시 말해 신산고초의 삶의 거친 길을 걸어야만 했던 인생의 내력에서 발아한 푸른 싹은 시인의 몸속 깊은 곳에 각인되어 있는 것이고, 훗날 자신의 정체성과 희망적인 삶의 밑그림이 조각된 증표인 것이다. 시인의 현재 모습은, 시인이 느끼기에 아직은 덜 성숙되고 덜 자란 미완의 세계인식에 머물고 있지만, 이 의식이 펼쳐 보일 진정한 꿈으로서 시인의 참된 정신을 드러낸다면 시와 현실 세계가 말 그대로 합일하는 경지에 이를 수 있겠다는 내심의 발로가 위의 시로 나타났다고 보인다. '모서리'는 주체에게나 대상에게나 언제나 상처로 작용한다. 상처와 절망으로 가득 찬 몹쓸 인생의 모서리와 각질을 벗겨내고 싶은 마음은 누구나 있을 터이다. 이를 조금 에둘러 표현하자면 둥글고 부드러운 세상에 고요히 놓여있는 생의 중심을 시인이 바라고 있다는 의미로도 볼 수 있겠다. 그러나 마냥 자신의 삶의 표면이 모나지 않게만 일정하게 유지하려는 의지는 아닐 것이다. 그 속에는 삶과, 이 삶의 모진 풍파를 넘어서려는 실존의 강인한 의욕을 또한 볼 수 있다.

벼랑 끝에 지은 집
바위를 움켜쥔 발바닥마다
굵직하게 박힌 티눈들
한 발 공중을 딛고
헝클어진 머리카락으로
거센 바람을 받아들인다
둔각 이룬 비탈을 축대 삼아
반가부좌 튼 위태한 저 균형
호되게 내리치는 죽비

짧은 햇빛은 순간적으로 지나갔다
둥치 안으로 삭힌 언어에서
삐죽삐죽 가시가 돋아
옹이가 된 바람의 불립문자들
속 깊이 메아리치다
껍질을 뚫고 허공을 찌른다
인대가 늘어진 근육으로
암벽에 서서
이방인에게 시선을 날리는 초여름
향기 묻은 바람을 탄
박새 한 마리
아카시아꽃 속으로 날아들었다

—「아카시아 암자」 전문

마치 봄날의 '세한도' 를 떠올리듯 아카시아 피는 계절에 오롯이 버티고 서 있는 산속의 암자를 형상화한 시다. "벼랑 끝에 지은 집" 이기에 위태한 존재 근거를 통째로 보여주는 암자는, 이 무너지고 부서질 듯한 세상의 균열 속에서도 시인에게는 단단한 정신의 결처럼 다가온다. "반가부좌 튼 위대한 저 균형/호되게 내리치는 죽비/짧은 햇빛은 순간적으로 지나" 가는 풍경에서도 암자의 날선 표정이 예사롭지 않다. "둥치 안으로 삭힌 언어" 의 매섭고 야무진 정신적 인내로 말미암은 "바람의 불립문자"는 속으로부터 뜨겁게 달군 정신의 형식이 어떠해야 하는지를 보여주는 표상이다. 시인이 바라보는 시적 대상에서 뿜어져 나오는 선명한 감각적 기호는 시인에게 강인한 인상으로 남아있게 된 것이다.

부드러움과 강함, 자연의 평화로운 상태의 응시와 삶의 신산한 표정이 이중적인 구조로 이루어진 시집 『아카시아 암자』에서 우리는 현실과 이상이라는, 어찌 보면 해묵은 유토피아적 대립구조를 볼 수도 있다. 그러나 한 편으로 김민호 시인의 시적 출발점이 되는 이번 첫 시집에서 시인이 일관되게 움켜쥐고 있는 세계인식의 한 자락을 지켜보는 것도 앞으로 전개될 그의 시 세계의 밑그림을 그리게 될 한 요소를 발견하는 일일 것이다. 삶의 무한한 긍정과 낙관이다. 그는 한없이 넓고 깊은 마음으로 세상을 보듬고 있다. 현실적 비애와 절망의 요소를 무한 긍정의 마음으로 녹여내어 끝내 오고야 말 지복한 세상에 대한 기다림으로 편입한다. 「빵조각」이란 시다.

1교시가 2교시로 왁자지껄 뛰어갔다
틀에 박힌 시간을 좇아 몰려간 발자국
계단에 남겨진 곰보빵 위에 타닥타닥 쌓였다
층계 끝에 아슬아슬 매달려

아직 온기가 남아있는 빵
시곗바늘은 빵도 포기하게 만드는가
빵을 떨어뜨린 아이는 어느 계단에서
몇 번이나 되돌아보았을까
시간에 맞물려 오르내리는 단계에서는
꼼짝없이 낙하할 성적이 두려웠겠다
체온을 바닥에 부려놓은 채
묵언수행 중이던 빵이
아래층으로 툭 떨어진다
자유 낙하하는 시간이 바람에 휘감긴다
재계약 서류 한 장에 매달려
위태롭게 이어가는 수업도
언젠가는 빵조각처럼
계단 아래로 굴러떨어질 것만 같다
2교시를 알리는 바쁜 벨소리
다시 빵 굽는 시간이다

—「빵조각」 전문

한국의 교육구조의 일단을 보여주는 시다. 인성보다는 점수로 획일화해서 학생들을 자리매김하는 교육시스템에서 교사와 학생 사이의 관계는 진정한 사제지간이 아니라 마치 조련사와 동물의 관계처럼 전도되어 있는 게 현실이다. 이런 사정과 환경을 제쳐놓고서라도 오늘날의 학생들은 학교를, 대학을 가기 위한 하나의 수단으로 여기는 게 정확한 진단일 것이다. 그런데도 우리가 희망을 놓지 않는 이유는 모순되고 절박한 현실의 한복판일망정 사람에 대한 믿음과 온정을 잃어버리지 않고 간직하고 있기 때문이다. 아침을 거르면서까지 일찍 등교해야만 하는 학생들과, "재계약 서류 한 장에 매달려/위태롭게 이어가는 수업"을 담당할 수밖에 없는 시의 화자가 놓인 자리는 서로 그 이유야 어떻든 간에 '불온한' 시대의 희생양인 셈이다. 이런 측면에서 보면 위 시에서 '빵'이 상징하는 의미는 여러모로 의미심장해진다. "언젠가는 빵조각처럼/계단 아래로 굴러떨어질 것만 같"은 존재는, 지금 이곳의 교육현장에 엄연하게 존재하는 이들이다. 그런데 시인은 마지막 진술에서 "다시 빵 굽는 시간"이란 표현으로 시의 의미 내용을 한층 헝클고 있다. 마지막 구절의 '빵'은 '생활인'과, 모순된 교육구조에 예속된 부속품으로 전락해버린 학생을 비유하는 의미뿐만 아니라, 온기와 희망의 뜻으로도 읽게 한다. 경직되고 얼어붙은 이 사회의 구조를 녹이는데 사회 전반에 걸친 변혁적인 차원의 운동과 정신도 필요하겠지만, 시인의 희망은 그리 먼 데 있지 않다. 소박한 꿈으로서 사회 공동체의 평화는 조악한 현실의 한복판에서 봄볕처럼 생겨

나는 것이다.

팽개쳐도 돌아야 한다
쓰러지지 말자
가라앉지 말자 꼭
앙버텨야 하는 날이 있다
밀물에 밀려나지 않고
썰물에도 쓸려가지 않고 도는
작은 몸짓이 참 오롯하다
아무리 큰 파도가 짓밟아도
지켜야 할 약속을
머릿속에 담고 있는 한
몸은 중심 잃지 않을 것이다
기다린다는 것은 어리석은 것이 아니라는 듯
고개 한번 자맥질치지 않는다
둥근 자존심 꼿꼿이 세우고 오히려
망망대해에서 밀려오는 파도를
달래주는 굳은 심지
뜨르륵 다시 시간을 일으켜 세운다

—「부표」 전문

"쓰러지지 말자"고, "앙버텨야 하는 날이 있다"고 마음을 다잡는 시인에게 슬픔이나 절망은 한순간에 지나지 않을 것이다. 낙관적인 마음의 상태를, 즉 내일을 기다리는 밝은 마음의 상태를 유지하는 평정심은 삶의 중요한 요소다. 이는 중심을 잃지 않는 몸과 마음의 상태를 지속하려는 의지에서 싹튼다. 그리고 이 모든 삭힘과 인고의 시간은 '기다림' 으로 드러난다. "기다린다는 것은 어리석은 것이 아니라는" 진술에서, 시간과 기다림에서 우러나오는 삶의 진득한 묘의를 깨닫게 하는 것이다.

대체 희망의 근거는 무엇인가. 무엇이 인간으로 하여금 지난한 시간의 파고를 견디게 하는가. 지나온 날의 발자국들은 해지고 낡았으되, 아직 밟지도 못한 오솔길에 들어서는 무렵 마구 솟아나는 생의 에너지는 또 어디로 자신을 데려가는가. 지금 이곳의 불합리하고 불온한 세상 기류는 결국 '하나' 로 귀일하리란 사실은 자명하지만, 늘 안개가 낀 듯 흐릿하고 불투명한 삶의 한복판에 우리는 놓여있다. 희망은 언제나 밝음으로써 다가오는 것은 아니다. 존재와 사유의 핵심에 똬리를 튼 듯 자리잡은 생명의 약동하는 기운은 형태를 달리하면서 늘 실존에 부딪쳐온다. 그 민감하면서도 날카로운 떨림을 포착하는 존재가 시인이라면, 시인의 목소리 저편에 깔려있는 변화무쌍한 이 세계의 파고를 짐작해야만 하겠다. 김민호 시인의 시편들이 그렇거니와, 그의 시는 단순하고 소박한 표현 속에 잠재해있는 세상의 내력이 복잡하리만치 두껍게 펼쳐져 있는 것이 사실이다. 시인 개인에게 퇴적층으로 쌓여있는 현실의 그늘은 곧 시어의 그늘로 변용되고 치환한다.

흐르는 시간 속에서
변화는 물길과 교류하지 않았다
찾아들던 물줄기 고개를 돌렸고
물새 그림자마저 지워진지 오래다
모래톱과 풀숲에 갇혀
뿔처럼 뾰족한 독백으로 고였다

한때는 중심이었으리라
주변과 소통을 거부하다 막혀간
고립된 테두리 안에서
넘치던 지난 시절에 잠시 젖어보겠지만
홀로 남은 자리에서 퇴적되어
곧 사라지고 말
수세가 뒤바뀌는 현실
양지와 음지가 오간다는 말이 남았다
저, 화무십일홍(花無十日紅)

—「우각호」 전문

변화무쌍한 세상의 이치를 비껴나갈 존재는 없듯이 자연의 생리 또한 늘 변하기 마련이다. "한때는 중심이었"던 것들이 시간의 흐름 속에 속절없이 퇴색해버린다. 이는 곧 "수세가 뒤바뀌는 현실"이라는 자명한 이치를 보여주는 바, 실은 사람이라고 해서 별반 다를 바 없다. 시인이 절도 있게 내뱉는 말인 저 "화무십일홍"의 원리를 깨닫기까지 얼마나 숱한 좌절과 열망, 그리고 대책 없는 희망의 목소리에 귀를 기울여야 했을까. 그런데도 우리는 아직 이곳에 멀쩡하게 숨을 쉬고 있는 존재기에, 저 '화무십일홍'의 진리가 몸속 아니 뼛속 깊이 아로새기는 순간에도 아직 다가오지 않은 앞날을 기다리고 있는 것이겠다. 이것은 삶의 깊이나 무게를 견디는 자에게 주는 선물과도 같다. 하지만 사람에게 이 선물은 너무도 가혹하다. 언제라도 되돌려주어야지만 제 목숨을 건질 수 있는 것이다. 그러기에 선물이라기보다는 빚이라고 해야 옳다. 네가 선 자리가 언젠가는 내가 곧 서게 될 자리이다. 한복판에 있는 사람이 내일이면 위태로운 자세로 가장자리에 몰려있을 것이다. 시인은 속절없이 자리바꿈하는 세상의 이치에 지그시 눈을 감는다. 그는 짐짓 알듯 모를 듯한 표정을 짓지만, 사실은 무슨 사태가 벌어졌는지 훤히 알고 있다. 중심은 변방에도 있고, 내가 서

있는 자리에도 늘 우뚝 서 있다는 사실을 시인은 알고 있는 것이다.

시커먼 무쇠솥
밥물 끓어 넘치는 소리 매섭다
아궁이 앞에 쪼그려
불길을 어루만지는 어머니
솔가리에 잔가지와 장작 지펴
아침 등굣길에
밑불 넣고 훔치는 저 눈

밥물 끓는 소리 잦아들면
사람도 고물이 차야 한다며
뜸들이는 시간이
머릿수건 위로 새록새록 내려앉아
금세 끈기 넘치는 아침
뭉실뭉실 일어나는 밥 기운

햇살이 실하지 못하다며
부뚜막가의 반질반질한 청돌을
속 불에 묻어두신 어머니
허기를 온기로 채운 십 리 등굣길

주머니 속에서 만지작거렸던
청돌 그 든든한

—「따뜻한 묵언」 전문

내가 서 있는 자리가 어둡고 습하거든 언제라도 내가 지금까지 밟아온 날들을 반추하기 마련이다. 회억(回憶)이다. 어릴 적 "부뚜막가의 반질반질한 청돌을/속 불에 묻어두신 어머니"와 "주머니 속에서 만지작거렸던/청돌"이 바로 그 회억의 대상이다. 소란 떨지 않고 말없이 시인의 속을 따뜻하게 했던 그 청돌이야말로 지금 이곳의 시인에게는 소중한 물건이었던 것이다. 중심과 변방을 오락가락하면서 세상 이치의 냉정함과 분열적인 사고를 거치는 시인에게 지난날 유년의 기억은 현재를 오롯이 버티고 있는 소중한 버팀목으로 자리하고 있을지도 모른다. 위 시의 제목에서도 나오듯 '묵언'의 힘은 중심을 잡아주면서 온전한 길로 안내하는 말씀이다. 곧 말없는 말씀이야말로 세상의 중심추가 되어준다면 어떠할까. 이 말은, 색계(色界)의 좁은 길에 자라나는 덤불을 헤치는 자에게 조용히 위안을 주는 침묵의 따뜻한 손길이 바로 시인의 정신 속 한가운데서 솟구치는 묵언의 울림인 것이다.

김민호의 시는 생의 중심에서 발현하는 진실의 귀퉁이

를 잡으려는 함성이다. 이 함성들이 쌓이고 쌓여 생기는 진득한 말의 여운을 잡아채는 낌새를 여과 없이 보여주는 세속도시의 경전이다. '세속' 이라고 했거니와, 이는 불온하지만 그나마 온전하게 지탱하고 있다고 믿는 현실과 한 몸이 되어 얽히고설킨 시인의 자전(自傳)을 솔직하게 보여주기에 그렇다. 세속은 곧 시속(時俗)인 바, 현실을 간과하지 않고 또렷이 바라보겠다는 정신 또한 깔려있다고 보는 것이 정확하다. 그러는 속에 시편들 곳곳에 산재해있는 풀과 꽃들, 그리고 채소나 자연물 같은 소재들이 시인의 눈에 포섭되는 표정은 여간 날카롭지가 않다. 하지만 여기에서 감정이입이나 객관적 상관물 같은 생경한 용어들이 들어설 틈을 주지 않는 분위기를 만든다는 점에서 보면, 시인의 내면적 절실함이나 진솔함이 시적 짜임새로 돋을새김하는 과정에서 삭제된 현실적 상처의 깊이를 또한 들여다볼 수가 있는 것이다.

가을 색은 전혀 알 수 없어
유월이 펼쳐놓은 들판에
비쩍 말라가는 하고초들
속 빈 꽃잎 나발머리에
보라색 물감 홍건히 풀어놓았다네
햇살에 걸려 운신을 못하던 바람

온 들판을 헤집으며
꽃잎을 세우려 돌아다닌다네

꿀벌은 안다네
시한부 삶도 달콤한 맛이 있다는 걸
한 계절이 전 생애임을

여름은 온전한 단맛이므로
말라가는 육신을 후벼 파
생채기에서 꿀을 모은다네
삶의 향기를 잃은 구월
일주문을 걸어
문고리 당겨 불이문에 든다면
여름을 뛰어넘는 하고초가 되어
여기 환하게 피어나고 싶다네

—「하고초」 전문

숲을 흔들어대던 추위가
뿌리 가까이 차갑게 손을 뻗어올 즈음
몸속 수분을 내뱉어
모든 이파리를 놓아버리고 말았다
냉기가 몸을 비틀어대는 겨울

자리를 지키기 위해
마지막 온기 가지 끝에 붙여두고
푸른 외침마저 창공에 걸어두었다

언 땅,
견뎌야 하는 매서운 한기 앞에서
얼지 않기 위해 천천히 속을 지워나갔다
무시로 비워야 했던 지난 시간들
혹독한 바람의 나이테로 거듭 새겼다
좌표 같은 연륜(年輪)에 남은
따뜻한 봄의 문양을 기억하기에
지상 위 짙은 그림자로 선명한 길을 내며
오늘도 찬바람에 어깨를 걸쳐본다

—「겨울나무」 전문

여름과 겨울의, 대극(對極)에 놓인 두 계절을 나는 풀과 나무를 본다. 식물의 생장에서 계절은 필수적이다. 여름에 피는 '하고초'와, '겨울나무'는 각각 "여름을 뛰어넘"고 "따뜻한 봄의 문양을 기억"한다. 자연적 시간의 흐름이 두 식물을 더욱 여물게 할 것이 틀림이 없지만, 시인은 이들 두 소재를 응시하면서 실은 삶의 척박함과 상처를 되새긴다. 상처를 간직한 사람만이 "시한부 삶"

의 "달콤"함과 "매서운 한기"를 체득하는 법이다. 혹독하고 냉혹한 더위와 추위를 감내하려는 의지는 제 속의 중심을 잃어버리지 않으려는 마음에서 비롯한다. 이를 사람에 대입해보자. 우리 모두는 자연의 속성인 항상성(恒常性)을 지니고 있다. 일종의 평형감각일진대, 생의 균형을 잃어버리지 않고 그나마 목숨을 이어나가고 있는 까닭은 이런 자연의 속성을 우리 인간들도 함유하고 있기 때문인 것이다. 그런데 갑작스레 위기가 찾아올 때가 있다. 위기는 환경이나 자신이 항상성의 유지에 균열이 생기면서 그것이 재앙으로 확산되기도 한다. 그러나 이런 여러 가지 요인들은, 실은 제 자신에 대한 믿음을 어느 순간 방기(放棄)했을 때 더욱 큰 위험이 된다. 자기 자신에 대한 믿음을 꽉 쥐면서, 모두를 놓아버리는 자만이 자연이 허락한 신비로운 생명의 장(場)에 들어갈 수가 있다. 결국은 중심을 놓지 않는 것이 중요한 것이다. 연륜의 힘은 거기에서 생겨난다. 시간의 엄혹한 폭풍우를 온몸으로 맞서는 존재는 시간의 흐름 속에 더욱 자신의 속을 영글면서 다가오는 새로운 시간을 맞이할 수 있다. 시인은 그 시간의 배려에 감사할 줄 아는 것이다.

마늘종 함부로 뽑지 마라
언 가슴이 한시절을 품어낸 심지를

바늘 찔러가며 뽑을 그 무엇도 없다
뽑힌 자리 퀭한 가슴속으로
해가 뜨고 구름이 지나간다
뽑혀보면 안다
피우지 못한 웅어리로 남는다는 것을
탁 틔우지 못한 낱말들 품고
처박힌 복심으로 육 쪽 머리를
키우는 마늘 곁에서
문득 문득, 나는 남는다

—「마늘꽃」 부분

가령, "언 가슴이 한시절을 품어낸 심지" 같은 것들이 시간을 견디면서 자아내는 희미한 그리움이 송글송글 맺혀있는 풍경을 상상해보라. "해가 뜨고 구름이 지나"가는 순환적 자연의 시간은 허허로운 자리마저 희망을 잉태한다. 그것은 "피우지 못한 웅어리로 남"을지언정, 그리고 "탁 틔우지 못한 낱말들"을 배태할지언정 끝내 앞날에 다가오는 환한 빛들의 마중을 잊지는 못할 것이다. 시인은 그 희망의 오솔길을 걸으려 한다. 시인은 중심에서 비껴나간 세상의 모든 존재들에게 말을 건넨다. 그 언어는 시김새의 복화술로 단련된 그늘진 말일진대 외려 어둡거나 습하지 않다. "처박힌 복심으로 육 쪽 머리를/키우는 마늘 곁에서/문득 문득, 나는 남는다"는 화자의 진술은, 김민호 시인의 새 시집을 통틀어 그의 시 세계의 중심을 잘 드러내준다. 낮은 곳에 임하면서 창백한 표정을 짓는 존재들이 매서운 시간의 썰물을 견디는 모습들 속에 시인의 얼굴이 아른거린다. 자고로 시가 처해야 할 자리를 이제야 한 시인의 목소리를 들으면서 문득 깨닫게 된다. 현실적 자아가 겪는 상처와 고통은 자연 만물이 그동안 보여주었던 신비롭고도 놀라운 생명의 자태 앞에서 무위로 돌아간다. 하지만 그 덧없음의 철학 또한 우주적인 생성의 측면에서 볼 때 한갓 넋두리에 지나지 않음을 우리는 얼마나 오래 살아야 깨닫게 될까. 시인은 무한한 시간의 여정 앞에서 우리에게 소곤대고 있는 것이다. 말없이 세상을 지나갈 것, 그리고 침묵으로써 자연이 선사한 온갖 형상들을 음미할 것, 그러는 중에 솟구쳐 나왔던 모든 감정과 판단의 잣대들을 유예할 것, 시인이 시를 쓰면서 스쳐갔을 생각이지 않을까. 이는 생의 한복판에 회오리치는 광란의 몸짓들을 응시하면서 끝내 한 편의 시로써 응집하는 과정을 김민호의 시에서 여과 없이 보여주었다면 어떻겠는가. 앞으로 보여줄 시인의 탐색을 기대해보는 이유이기도 하다.

시인의 말

우리 모두는 하나의 길을 공유합니다.

가을 단풍이 들면 같이 붉어지고 겨울의 차가움도 함께였으면 합니다. 그리하여 서로 부둥켜안고 틔우는 봄 새싹과 여름 하늘을 맞이했으면 합니다.

그리 길지 않습니다. 더 이상 사람들 곁에 혹독한 바람이 새긴 나이테나 둥—둥 뜬 뿌리가 사라지고 모두 더불어 따뜻했으면 합니다. 세상 변하지 않는 것은 드물겠지만 뜨거운 가슴만은 변치 않겠습니다.

땅과 하늘에서 어진 농민으로 살고 계신 사랑하는 부모님과 나의 보물 김태현, 김다해, 부족한 저를 지켜봐주시는 모든 분들께 머리 숙여 감사드립니다.

대나무는 흔들리며 비워낸 속 가득 머금은 푸른 향으로 하늘을 파랗게 물들입니다.

2013년 겨울

내석마을 복호(伏虎)들에서

김민호

아카시아 암자

2013년 11월 20일 초판 1쇄 찍음
2013년 11월 23일 초판 1쇄 펴냄

지은이 _ 김민호
펴낸이 _ 양문규
펴낸곳 _ 詩와에세이

신고번호 _ 제319-2005-000014호
주소 _ (120-865) 서울시 서대문구 북아현동 1-495 2층
대표전화 _ (02)324-7653, 070-8877-7653
팩시밀리 _ 0505-116-7653
휴대전화 _ 010-5355-7565
전자우편 _ sie2005@naver.com
공 급 처 _ 한국출판협동조합
주문전화 _ (070)7119-1741~2
팩시밀리 _ (031)944-8234~6

ISBN 978-89-92470-91-9 03810

* 이 책은 2013년 부산문화재단 지역문화예술육성지원사업의 일부지원을 받아 발간되었습니다.